Que Vossos Corações Floresçam

Discurso proferido por

Sri Mata Amritanandamayi

No Parlamento de Mundial de Religiões
Chicago, Setembro, 1993

Mata Amritanandamayi Center, San Ramon
Califórnia, Estados Unidos

Que Vossos Corações Floresçam
Discurso proferido por
Sri Mata Amritanandamayi
No Parlamento de Mundial de Religiões, Chicago,
em Setembro, 1993

Publicado por:
  Mata Amritanandamayi Center
  P.O. Box 613, San Ramon, CA 94583
  Estados Unidos

—— *May Your Hearts Blossom (Portuguese)* ——

Copyright © 2001 de Mata Amritanandamayi
Mission Trust, Amritapuri, Kollam, Kerala 690546,
Índia
Todos os direitos reservados. Nenhuma parte
deste livro pode ser armazenada em um sistema
de acesso, transmitida, reproduzida, copiada,
transcrita ou traduzida para qualquer idioma, de
nenhuma forma, ou para qualquer outro fim, sem a
prévia autorização por escrito da editora.

Primeira edição por MA Centro: abril 2016

No Brasil: www.ammabrasil.org
Em Portugal: www.ammaportugal.org
Em Índia:
  www.amritapuri.org
  inform@amritapuri.org

Índice

Um Retrato da Mãe Divina	5
O Segundo Parlamento Mundial das Religiões 1993	9
A Assembléia de Presidentes	13
Prefácio	15
O curso do Ganges	20
Que Vossos Corações Floresçam	21
O Glorioso Legado do Sanatana Dharma	49
A Mensagem do Sanatana Dharma	55
Por uma Ética Mundial	62

Um Retrato da Mãe Divina

Eis aqui um ser místico acessível a todos, com quem se pode conversar e em cuja presença é possível sentir Deus. Ela é humilde, mas firme como a Terra. Ela é simples, entretanto, bela como a lua cheia. Ela é a personificação do Amor, da Verdade, renúncia e sacrifício próprio. Ela não só ensina, como também pratica Seus ensinamentos em todos os momentos de Sua vida. Ela é aquela que tudo dá e nada recebe. Ela é uma Grande Mestra e uma Grande Mãe. Essa é Mata Amritanandamayi Devi.

A Mãe nasceu com a consciência plena da Verdade Suprema. Ela se submeteu às mais rigorosas disciplinas espirituais, talvez para nos dar um exemplo, e abraçou o mundo inteiro com amor e compaixão de dimensões indescritíveis, que são Sua própria essência e ser.

Da mais tenra infância, Seu amor a Deus A consumia. Sem um Guru ou um guia, Ela mergulhou na busca da Divina Mãe e Pai. Ela tolerou os maus tratos constantes de Sua família, dos aldeões e céticos, de todos que não compreendiam Sua grandeza inata. Sozinha em meio a essa batalha, Ela enfrentou todas as adversidades, sem se perturbar, com coragem constante, paciência e um amor permanente por todos. Aos vinte e um anos de idade, manifestou externamente Seu estado de União com o Supremo e aos vinte e dois anos, começou a iniciar aspirantes da Verdade na vida espiritual. Aos 27 anos, a Divina Mãe já havia estabelecido a sede de Sua Missão espiritual internacional, na própria casa onde havia nascido. Cinco anos depois, já havia cerca de 20 *ashrams* (mosteiros) filiais pela Índia e no exterior. Em 1987, respondendo ao convite de Seus devotos dos Estados Unidos e Europa, a Divina Mãe fez Sua primeira turnê internacional, inspirando e elevando inúmeras pessoas no mundo todo. Nessa época, a Mãe tinha 33 anos de idade.

Toda a vida da Amma é um exemplo incomparável de altruísmo e amor incondicional. Em décadas de incansável serviço abnegado, a

Amma pessoalmente aconselhou e consolou milhões de pessoas de todo estilo de vida e de todas as partes do mundo. Com Suas próprias mãos, a Mãe seca as lágrimas das pessoas e remove a carga de suas dores. Seu toque pessoal, o calor da Sua compaixão, a candura, o profundo interesse que a Amma demonstra constantemente por todos, o carisma espiritual, a inocência e o encanto, tão naturais Dela, são todos únicos e inconfundíveis. Para a Mãe, todo e cada ser nesse universo é Seu próprio filho. Como Ela mesma disse:

"Uma corrente constante de Amor flui da Amma para todos os seres no universo. Essa é a natureza inata da Amma."

O Segundo Parlamento Mundial das Religiões 1993

"Apesar de diferentes fontes de água brotarem de diferentes nascentes, todas as águas se misturam ao mesmo oceano. Ó Senhor, os diferentes caminhos que as pessoas seguem, variados que possam parecer, todos levam a Vós."

– *Atharva Veda*

O espírito de todas as religiões é um. Elas dividem os mesmos valores fundamentais. Todas têm a preocupação comum pelo bemestar universal de todos os seres, e a aceitação do caráter sagrado de toda forma de vida.

Os Hindus vêem todos os seres como divinos; os Cristãos pregam o amor universal; os Xintoístas veneram a vida e os direitos de todos; os Jainistas declaram que toda a vida é interligada e se suporta mutuamente; os Siques dizem que servir a todos é servir ao Divino; o Alcorão afirma a igualdade e a unidade de toda a humanidade; e Buda diz que os sinais que distinguem as verdadeiras religiões são a boa vontade, o amor, a pureza e a gentileza. Ainda assim, através das eras, mais batalhas foram travadas, e mais sangue vertido na terra em nome da religião, do que por qualquer outra causa.

O primeiro Parlamento Mundial das Religiões aconteceu em Chicago, em 1893. O evento marcou o primeiro esforço concentrado em trazer todas as diferentes religiões a uma plataforma comum, onde os líderes e representantes de todas as fés comunicariam e exporiam suas idéias. Naquela primeira conferência, foram exploradas as possibilidades de tolerância e harmonia entre as religiões, e maneiras pelas quais elas poderiam cooperar de forma a resolver as questões que mais afligiam a humanidade.

O Parlamento Mundial das Religiões de 1893 teve a participação de 400 pessoas, representando 41 tradições religiosas. Foi nessa ocasião que o Catolicismo e o Judaísmo foram reconhecidos como as maiores religiões americanas, e que o Hinduísmo e o Budismo foram primeiramente introduzidos ao Ocidente. Foi também nessa ocasião que o Swami Vivekananda, através de suas palavras inspiradoras, conquistou um amplo reconhecimento para a cultura milenar, filosofia e fé indiana.

O centenário do primeiro Parlamento aconteceu em Chicago, de 28 de Agosto a quatro de

Setembro de 1993. Contou com a participação de mais de 6500 representantes de aproximadamente 125 das religiões mundiais, dentre eles 600 líderes espirituais.

Ao contrário do primeiro Parlamento, foi dada maior importância ao diálogo interreligiões do que às palestras individuais, já que os participantes empenharamse em abraçar o consenso que existe entre as religiões. Concordouse que a religião deve ser integrada à ciência, à espiritualidade e outros aspectos da vida diária, e que se deve incentivar as pessoas de todas as fés a dividir os frutos de suas conquistas com os menos afortunados.

Enquanto que o primeiro Parlamento resultou na aceitação dos Judeus e Católicos dentro da tendência majoritária, e na vibrante introdução das religiões do Oriente, o segundo Parlamento marcou o crescimento do reconhecimento e da influência dessas outras tradições e fés. O Parlamento foi um exemplo claro do emergente pluralismo religioso.

Durante os oito dias de Parlamento, cerca de 800 programas foram oferecidos, entre palestras, cursos intensivos, debates interreligiões, aulas de meditação e performances culturais. Houve também a oportunidade de participação mútua nos serviços religiosos e cerimônias.

O Parlamento abordou muitas questões comoventes que confrontam a humanidade atualmente. A poluição ambiental e a ameaça nuclear, o distanciamento social entre os ricos e os pobres, o racismo, a opressão e a mudança nos papéis entre os homens e mulheres – foram alguns dos tópicos analisados e discutidos.

O sucesso notável do Segundo Parlamento Mundial das Religiões foi por si só uma afirmação da mensagem de harmonia e cooperação que reside no âmago de todas as religiões.

O Parlamento marcou um grande passo em direção ao objetivo a que se propunha: "*O propósito do Parlamento nunca foi o de unicamente celebrar um marco divisor na história mundial, mas também, acrescentar uma nova voz e dimensão ao movimento Inter-Religião, explorar novas avenidas para a paz duradoura, e elaborar uma nova visão para o novo século.*"

A Assembléia de Presidentes

Uma grande conquista desse segundo Parlamento, foi a formação de um grupo dos líderes espirituais de maior destaque do mundo – uma assembléia de vinte e cinco presidentes representando todas grandes fés. Durante os dias do Parlamento, esse grupo se encontrou em para discutir os problemas que o mundo enfrentava, propor soluções, e estabelecer uma Ética Global.

A idéia era que esse grupo central trabalhasse como um tipo de Nações Unidas espirituais: toda vez que surgisse um conflito em qualquer parte do mundo devido à intolerância religiosa, o grupo utilizaria sua influência coletiva e peso espiritual para ajudar a encontrar uma solução pacífica. Esse grupo tentaria mostrar que a religião pode e deve ser uma fonte de harmonia e não de contenda.

A Divina Mãe Amritanandamayi Devi foi escolhida como uma dos três presidentes para representar a fé Hindu, sendo os outros dois Swami Chidananda Saraswati (Presidente da '*Divine Life Society*') e Sivaya Subramuniya Swami (líder espiritual da '*Saiva Siddhanta Church*' e editor do '*Hinduism Today*').

Essa distinta assembléia de presidentes, representantes de nossos numerosos e diferentes caminhos, tem como objetivo, não somente propagar o diálogo interreligião, mas também guiar a humanidade em direção a uma nova era de harmonia e paz.

Prefácio

No dia três de Setembro de 1993, por ocasião da reunião centenária do Parlamento Mundial das Religiões, a Mãe discursou sobre a enorme necessidade de amor e compaixão no mundo atual.

Muito antes da chegada da Mãe no Salão de Baile do Hotel de Chicago Palmer House, centenas de pessoas haviam se juntado numa expectativa silenciosa do lado de fora da porta de entrada. Entre elas, encontravase uma coleção de pessoas provenientes de todas as partes do mundo, que tinham vindo a Chicago para comparecer ao Parlamento. Algumas pessoas vestiam trajes de ordens monásticas, outras vestiam trajes étnicos de seus países, porém, a maioria vestia ternos ou vestidos de executivos, misturandose ao do cotidiano de Chicago. Entre a multidão estavam os representantes de várias redes de comunicação, seguranças que lutavam para conter o avanço contínuo da multidão e, é claro, os devotos da Mãe, cujos rostos radiantes, brilhavam em antecipação a Sua chegada. Muitos comentavam que nenhuma outra apresentação do Parlamento havia atraído tantas pessoas.

Enquanto as pessoas esperavam nesse enorme salão de festas pela aparição de "uma das mais veneradas mestres espirituais da Índia moderna", a atmosfera estava vibrante e cheia de expectativa.

A Mãe entrou no palco pela lateral, vestindo Sua tradicional roupa branca e uma linda guirlanda de flores de cores vivas. Como de costume, Ela fez uma reverência a todos presentes e sentou-Se no assento especialmente arrumado para Ela. Quem poderia imaginar que essa senhora despretensiosa, que humildemente se curvava diante de toda a formalidade no Grande Salão de Bailes do Hotel Palmer House, logo, iria expressar, tão maravilhosamente, o anseio latente dentro de todos para o retorno da alma a sua origem.

Mesmo durante os procedimentos formais, havia algo de inocência na Mãe. Antes de começar Seu discurso, Ela disse a todos que não era Seu costume dar palestras, mas que diria algumas palavras sobre as coisas que Ela havia vivenciado em Sua própria vida. Então, começou Sua palestra – tão viva e nítida como a guirlanda que vestia, cada ponto brilhantemente atado ao seguinte.

No Seu discurso, a Mãe deu ênfase à grande necessidade e urgência para que os princípios religiosos sejam assimilados em nossas vidas. "A linguagem da religião é a linguagem do amor. Entretanto é uma linguagem que o mundo moderno esqueceu. Essa é a causa básica por trás de todos os problemas existentes no mundo atual. Hoje conhecemos apenas o amor limitado e egoísta. A transformação desse amor limitado em Amor Divino é a meta da religião. Dentre a plenitude do verdadeiro Amor, brota uma linda e perfumada flor da Compaixão." Essa foi a nota principal de Sua palestra. Com Sua eloqüência e simplicidade característica, a Mãe reafirmou o verdadeiro espírito da religião e expôs seus princípios eternos de uma forma adequada para o mundo de hoje.

Por todo Seu discurso a Mãe ressaltou a necessidade de que a religião se torne um bálsamo para os sofrimentos da humanidade, e não uma fonte de alimento para egoísmo e rivalidade.

Durante uma hora, as pessoas escutaram encantadas, e quando o discurso chegou ao fim, houve uma onda de emoção que levou os jornalistas às lágrimas, e pessoas completamente estranhas a Mãe a deixarem seus assentos para irem de encontro a Ela.

Com Seu jeito inimitável, a Mãe dispensou as formalidades de um palestrante e agora estava dando *darshan*.

As pessoas avançavam na direção da Mãe como se atraídas por um imã, desejando estar com esse espírito divino que os havia tocado e inspirado tão fortemente. A Mãe recebeu tantas pessoas o quanto pôde, abraçandoas docemente uma após a outra, até que, infelizmente, após apenas meia hora, tiveram que sair para que as formalidades pudessem continuar.

Com a Sua mera presença, a Mãe havia irradiado a essência das palavras e promessas, idéias e intenções do Parlamento Mundial das Religiões, dandolhes vida.

John Ratz, um Conselheiro de Relações Publicas, ao refletir sobre o impacto das palestras proferidas nas sessões do Parlamento, fez essa observação reveladora: *"Todos os outros palestrantes haviam tratado dos assuntos de religião e espiritualidade como se fossem duas entidades separadas. Entretanto, as palavras poderosas da Amma atingiram o cerne da religião e espiritualidade, anulando as contradições, criando união para as divergências e produzindo uma harmoniosa mistura entre as duas, revelando assim, a essência de ambas. Foi um dos mais importantes e poderosos discursos."*

O curso do Ganges

O discurso da Amma foi como o curso do Ganges: Ela falou do mais alto pico de êxtase espiritual transcendente, deixando que os outros bebessem, nadassem e se banhassem em Sua consciência infinita, que fluía através de Suas belas e inspiradoras palavras.

Enquanto a Amma, a própria encarnação do Amor Universal e da Compaixão, falava, uma paz profunda parecia permear a atmosfera. Seu discurso foi intelectualmente convincente, assim como teve um poder restaurador tremendo um grande efeito purificador.

O Salão Nobre do Palmer House estava lotado com pessoas de todos os níveis sociais, que ficaram hipnotizadas com as palavras da Amma. Mas quando a palestra terminou, os corações transbordaram, e as pessoas correram espontaneamente na direção da Amma para ter Seu *darshan*. Foi uma grande e inesquecível ocasião.

Swami Amritaswarupananda

Que Vossos Corações Floresçam

Discurso proferido por

Sri Mata Amritanandamayi

No Parlamento Mundial das Religiões

Setembro de 1993

Saudações a todos aqui presentes, vocês que são encarnações do Amor Supremo. As palavras não podem expressar a gratidão que a Amma sente pelos organizadores desse evento, que deram seu tempo e energia para que essa conferência altamente benéfica acontecesse. Apesar de viverem nesse mundo atual, altamente materialista, eles se dedicaram à organização dessa conferência baseada na elevação e sustentação dos valores da religião. Através de seu árduo trabalho e esforços prodigiosos, eles estabeleceram um exemplo de serviço abnegado do qual o mundo poderá tirar muito proveito. Mediante tal generosidade de coração, não resta à Mãe nada a acrescentar, mas sim, humildemente, prestar reverência.

Não é costume da Amma dar palestras. Mesmo assim, a Amma dirá algumas palavras sobre as coisas que Ela vivenciou em Sua vida. Amma pede perdão se por um acaso houver qualquer erro no que Ela disser.

Religião é a fé que eventualmente culmina no conhecimento e na vivência de que nós mesmos somos Deus Todo-Poderoso. Levar o homem à Realização de seu próprio e verdadeiro estado de Divindade transformar o homem em Deus, esse é o propósito e o objetivo do *Sanatana Dharma*, a "Religião Eterna" da Índia, popularmente conhecida como hinduísmo.

As ondas de pensamento mantêm o lago mental turvo. Quando essas ondas se acalmam e se extinguem, o substrato imóvel, que então resplandece, é a essência da religião. Esse é o tema principal e o objetivo da filosofia não dualista da *Advaita*. Esse princípio imóvel, imutável, é a própria fundação do *Sanatana Dharma*. O grande dizer das escrituras "*Aham Brahmasmi*" (eu sou Brahman, a Consciência absoluta), indica a experiência subjetiva do Ser não dual.

"Eu sou Hindu", "Eu sou Cristão", "Eu sou Muçulmano", "Eu sou engenheiro", "Eu sou médico": assim dizem as pessoas. O princípio sem nome, sem forma, que a tudo permeia, comum a todos, que é o "Eu", é o *Atman* (o Ser), o *Brahman* (o Absoluto), ou *Ishvara* (Deus). Negar a existência de Deus é negar a própria existência. É como dizer com a própria língua: "Eu não tenho língua". Deus está presente em cada um de nós, em todos os seres, em tudo. Deus é como o espaço. O espaço está em toda parte. Toda a criação existe no espaço. Suponha a construção de uma casa. O espaço está lá antes da casa existir. E quando está pronta, a casa existe naquele mesmo espaço. E até depois da casa ser demolida, o mesmo espaço permanece. Deus também é assim. Ele existe, imutável, no passado, no presente e no futuro.

Talvez você se pergunte: "Se Deus a tudo permeia, então, por que não posso vê-Lo?" A eletricidade não pode ser vista, mas coloque seu dedo em uma tomada e você vai ter uma experiência de sua existência. Da mesma forma, Deus deve ser conhecido pela experiência. Fique atrás de uma árvore e tente olhar para Sol. Você não vai vê-lo, vai? Você pode dizer que a árvore o cobriu, mas não é bem assim. O Sol não pode ser coberto. Sua visão é que está limitada e, por isso, você não o vê. Similarmente, apesar de Deus estar em toda parte, nossa visão limitada nos impede de vê-Lo. A atitude de "eu" e "meu" é o que bloqueia nossa visão e aprisiona nossas mentes.

O *Sanatana Dharma* não nos pede para acreditar em um Deus sentado em um trono dourado, alto nas nuvens. Deus não é um ser limitado. Deus a tudo permeia, é onipotente e onisciente. Deus é o Princípio da Vida e a Luz da Consciência dentro de nós. Deus, que é Êxtase puro é, de fato, nosso próprio Ser.

A mente é a única causa da escravidão e da liberdade do homem. A religião é o princípio que libera a mente dos pensamentos e emoções diversos, e de sua dependência dos objetos exteriores. Ela nos ajuda a alcançar o estado de liberdade eterna ou independência. A atitude de "eu" e "meu" é que nos faz dependentes. A prática dos princípios da verdadeira religião é o caminho para a eliminação do ego.

Não podemos esperar encontrar a alegria e a perfeição no mundo. Ainda assim, as pessoas lutam o tempo todo para aí encontrálas. Em todos esses anos, muitas mulheres disseram para a Amma: "Ó Amma, eu tenho quarenta anos de idade e ainda sou solteira. Não consegui encontrar o homem certo." Os homens também reclamam e dizem: "Amma, eu tenho procurado pela esposa de meus sonhos. Mas eu ainda não a encontrei." Eles perdem a esperança e ficam abatidos. O que lembra a Amma de uma história:

Dois amigos se encontraram em um restaurante. Um disse ao outro que seu casamento havia sido marcado e convidou seu amigo para a cerimônia. E perguntou ao amigo se também pensava em se casar. "Sim," – respondeu o amigo – "desejava muito me casar e saí em busca da mulher perfeita. Encontrei uma mulher na Espanha. Era bonita, inteligente e espiritual, mas não tinha nenhum conhecimento do mundo, então, não pude considerar casarme com ela. Na Coréia encontrei outra mulher. Bonita, inteligente e tinha conhecimento ambos espiritual e secular, mas eu não conseguia me comunicar com ela. Assim, continuei minha busca. Finalmente, encontreia no Afeganistão, a mulher dos meus sonhos. Perfeita em todos os aspectos. Eu até conseguia conversar com ela." O amigo, interrompendo, perguntou: "Você se casou com ela?" – "Não," respondeu. – "Por que não?" – perguntou outra vez. – "Porque ela mesma estava procurando pelo marido perfeito."

De que têm sede os seres humanos? De paz e felicidade, não é? As pessoas correm de um lado para o outro, procurando paz de espírito. Entretanto, a paz e a tranqüilidade desapareceram da face da terra. Somos muito entusiásticos quando se trata de alcançar o mundo exterior e todos seus prazeres materiais. Enquanto isso, o reino interior se tornou um verdadeiro inferno. Há mais do que necessário em matéria de conforto no mundo moderno. Não faltam carros com ar condicionado ou quartos com ar condicionado. Esses confortos estão disponíveis em toda parte. Mas o triste, é que as pessoas que vivem neles ainda não têm paz de espírito. Muitos não dormem sem a ajuda de pílulas. A inquietação e as tensões da mente se tornaram tão incontroláveis, tão insuportáveis, que um número enorme de pessoas comete suicídio, mesmo vivendo no assim chamado alto luxo, nesses quartos com ar condicionado. Essas pessoas, que demonstram tanto interesse em climatizar seus carros e suas casas, deviam fazer algum esforço para climatizar suas próprias mentes. Isso é o que é necessário para se atingir a verdadeira felicidade.

O contentamento e a alegria dependem somente da mente, não dos objetos externos ou das circunstâncias. A felicidade realmente depende do autocontrole. Ambos o céu e o inferno são criados pela mente. Mesmo o mais brilhante paraíso se torna um inferno se a mente estiver agitada; enquanto que mesmo o mais baixo inferno se tornará uma residência gloriosa para um homem dotado de uma mente pacífica e relaxada. A religião é a ciência que nos ensina a viver uma vida feliz e extática enquanto vivemos nesse mundo diverso.

Fé e vigilância são necessárias no mundo de hoje

Atualmente, nossa fé é como um membro artificial. Não tem vitalidade. Não temos uma conexão profunda, de coração, com a fé, pois não foi propriamente integrada em nossas vidas.

Essa é uma era científica. A razão e o intelecto alcançaram grandes altitudes. Surpreendentemente, porém, as pessoas mais desenvolvidas intelectualmente ainda têm grande fé e confiança, só que em carros, televisões, casas e computadores – coisas que podem parar de funcionar ou quebrar a qualquer momento. Somos profundamente apegados a essas coisas e aos pequenos confortos que elas oferecem. Se essas coisas se quebram ou são destruídas, rapidamente tentamos consertá-las. Entretanto, não realizamos que, de fato, somos nós que mais urgentemente precisamos de conserto. Pois perdemos a fé em nós mesmos. Perdemos a fé no coração e em seus sentimentos delicados. A pessoa tem enorme paciência para consertar seu computador e TV, mas não demonstra nenhuma paciência em afinar as notas desafinadas de sua própria vida.

A escuridão, lentamente, está envolvendo o mundo. É uma cena lamentável que vemos em todo lugar. Tendo dissipado toda sua energia e vitalidade correndo atrás dos objetos de prazer, as pessoas estão desmoronando. O homem passou dos limites razoáveis determinados pela natureza. Isso não quer dizer que as pessoas não devam apreciar os prazeres do mundo. Não há problema nisso. Mas compreenda essa grande verdade, que o prazer e alegria que você extrai dos prazeres dos sentidos e dos objetos mundanos são apenas reflexos minúsculos do êxtase infinito que vem de dentro do seu Ser. Saiba que a sua verdadeira natureza é o êxtase. Assim como o jornal de hoje será o lixo de amanhã, aquilo que dá alegria hoje, poderá facilmente tornarse fonte de desespero amanhã. Entender essa verdade, vivendo nesse mundo é o que ensina a religião.

A mente pode ser comparada a um pêndulo. Assim como o pêndulo de um relógio se move incessantemente, a mente pendula ininterruptamente da felicidade para o sofrimento e de volta. Quando o pêndulo do relógio se move para um extremo, está somente ganhando impulso para oscilar de volta para o outro extremo. Similarmente, quando o pêndulo da mente se move em direção à felicidade, está somente armazenando energia para alcançar o outro pólo, o do sofrimento. A paz e a felicidade só poderão ser vivenciadas de fato, quando o pêndulo da mente parar completamente de oscilar. Dessa quietude resulta a verdadeira paz e êxtase. O estado de perfeita quietude é verdadeiramente a essência da vida.

A religião nos pede vigilância constante. Um pássaro empoleirado em um pequeno galho seco, tem consciência de que a qualquer momento, com a mais leve brisa, o galho pode quebrar. Assim, o pássaro está sempre alerta, pronto para voar. Da mesma forma, todos nós nos apoiamos nos objetos do mundo que podem desmoronar a qualquer momento. As pessoas perguntam: "A Senhora está sugerindo que abandonemos esse mundo para ir para um lugar recluso e sentemos de olhos fechados?" Não, não é isso. Não seja preguiçoso e letárgico. Execute suas tarefas no mundo. Trabalhe. Você pode trabalhar para juntar fortuna e aproveitar a vida. Entretanto, tente lembrar que todo esse adquirir, possuir e preservar é como guardar um pente para uma cabeça careca. Independente do tempo e do lugar, a morte nos derrotará, roubando tudo o que temos. No momento da morte, teremos que deixar tudo. Nada, nem ninguém virá nos ajudar. Assim, a religião nos aconselha: "Compreenda que o propósito dessa vida preciosa não é o de nutrir seu corpo, mas de evoluir para o estado de Perfeição."

Se uma pessoa vive a vida sabendo e compreendendo a natureza efêmera do mundo, ele ou ela ainda pode abraçar a vida com amor, sem perder a coragem, ou desmoronar toda vez que houver dificuldades. Uma pessoa que não sabe nadar está à mercê do oceano turbulento. Suas ondas podem facilmente sobrepujá-la e puxá-la para as profundezas. Entretanto, para quem sabe nadar, brincar na maré é simplesmente um passatempo prazeroso. Essa pessoa não é facilmente dominada pelas ondas.

De maneira similar, a natureza diversa e contraditória da vida é uma brincadeira encantadora para a pessoa que é consciente de sua natureza mutável. Ela pode acolher sorridente e com equanimidade as experiências positivas ou negativas da vida. Entretanto, para aqueles que não têm tal consciência, a vida se torna uma carga insuportável, repleta de sofrimento. Verdadeiros princípios religiosos nos dão força e coragem para enfrentar as situações difíceis da vida com uma mente calma e balanceada. A religião pavimenta o caminho que nos permite abraçar a vida com mais alegria, entusiasmo e confiança. Para alguém verdadeiramente imbuído dos princípios da religião, a vida é como a brincadeira alegre de uma criança inocente.

O mundo de hoje tenta avaliar os princípios religiosos observando as ações de certos indivíduos, executadas em nome da religião. Então, a totalidade da religião é julgada, baseada nos maus atos de alguns. É como descartar o bebê com a água usada no banho. É o mesmo que condenar todos os médicos e remédios por causa de uma receita dada erroneamente por um único médico. Os indivíduos são por vezes bons e por vezes maus. Eles têm fraquezas e podem ter pouca capacidade de discernimento. É errado impor os erros e fraquezas que se vê em alguns indivíduos aos princípios da religião.

A prática de princípios religiosos é o que preenche a vida humana de vitalidade e energia. Sem a religião e a fé, a vida na terra seria vazia – como um cadáver adornado com uma bela vestimenta. A beleza e os prazeres da vida seriam totalmente superficiais. Sem a religião, nossas mentes se tornam insensíveis e estéreis. Se ainda há um pouco de beleza, vitalidade e harmonia em nossas vidas, devese unicamente às pessoas terem embebido ao menos um pouco de religião e espiritualidade.

O atual estado decadente da religião

A religião envolve os princípios essenciais da vida pelos quais o egoísmo e mesquinharia são eliminados. Entretanto, algumas vezes, devido à falta de compreensão, a mesma religião se torna um meio de cultura para essas qualidades negativas. Como resultado do egoísmo, mesquinhez e competição, nascem as disputas. Elas nascem porque as pessoas falham em absorver a essência da religião.

Atualmente, existem milhares de pessoas dispostas a morrer por sua religião, mas ninguém disposto a viver segundo seus princípios. As pessoas não entendem que a religião é algo a ser vivido. Elas esquecem que ela tem que ser aplicada e praticada em nossas vidas diárias.

"Minha religião é a melhor! Minha religião é a maior!" – dizem uns, "Não, é a minha que é maior e melhor!" – dizem outros. Dessa forma, o clamor continua. Por causa dessa estreiteza de visão e de toda a inveja que existe, a verdadeira essência e a mensagem da religião se perderam para o povo.

Pensando nas disputas dos dias de hoje entre as religiões, Amma se lembra de uma história. Era uma vez, dois pacientes em duas enfermarias diferentes do mesmo hospital, cada um sendo cuidado por seus parentes. Os pacientes estavam muito doentes e gritavam desesperadamente de dor. Um parente de cada paciente foi buscar a medicação urgentemente necessária. Voltando ao hospital, os dois encontraram-se numa porta estreita, que só permitia que uma pessoa passasse de cada vez. Cada um queria atravessar antes do outro, e nenhum dos dois dava passagem para o próximo. Ambos insistiam em passar primeiro, e começou um grande briga. Enquanto que os pobres pacientes gritavam de insuportável dor, seus parentes continuaram a brigar, cada um ainda segurando o remédio na mão. Freqüentemente encontramos seguidores de diferentes religiões fazendo os papéis desses dois parentes. Cegos pelas armadilhas exteriores de sua fé, não conseguem compreender sua verdadeira essência e espírito. Ao invés de andar na direção de Deus, em nome da religião eles, na realidade, se puxam para baixo.

Esse é o estado lastimável em que se encontra a religião hoje. Devido a essa atitude arrogantemente competitiva e intransigente, as pessoas não têm nem paciência, nem tolerância, e perderam sua capacidade de amar.

Considere uma família: nem todos os membros de uma família, normalmente, têm a mesma natureza ou capacidade mental. Às vezes, existe alguém que age e fale sem discernimento, ou que fique com muita raiva, chateando a família toda; e na mesma casa, pode haver outra pessoa de natureza quieta e calma, dotada de humildade e aguda capacidade de discernimento e grande clareza de visão. A questão é: quem ou o que mantém a integridade e harmonia da família? Sem muita deliberação, podese facilmente responder que são as qualidades de humildade, discernimento e bondade do último, que mantêm a família e seus membros reunidos. A raiva de uma pessoa e a falta de discernimento é equilibrada pela calma, humildade e prudência da outra. Se prevalecessem os traços de caráter daquele que é colérico e confuso, a família já teria se desintegrado. Da mesma forma, apesar do mundo de hoje estar confrontando uma grande ameaça, é a paciência, o amor, a compaixão, o sacrifício e a humildade dos *Mahatmas* (Grandes Almas) que sustentam e preservam a harmonia e a integridade do mundo. A escuridão de nossa era pode ser completamente eliminada se houver, em cada família, ao menos um membro dedicado e desejoso de aderir aos princípios da verdadeira religião.

Quando assimilamos o espírito da religião, a tristeza e o sofrimento dos outros se tornam nosso. A compaixão nasce, e somos capazes de simpatizar com a dor e o sofrimento dos outros. Somente através da experiência de união com o Ser é que podemos sentir verdadeira compaixão e interesse em relação aos outros.

Amma vai contar uma história. Uma pessoa que morava num certo apartamento estava sofrendo de câncer. Por causa de sua aflição, ela chorava e tinha dores intensas. Era tão pobre que não tinha dinheiro para comprar um analgésico para aliviar um pouco da dor agonizante. Concomitantemente, no apartamento adjacente, outra pessoa se entregava aos prazeres frívolos, buscando satisfação no álcool, entorpecentes, e mulheres. Se tivesse utilizado o dinheiro que desperdiçava destruindo a si mesmo em ajudar o pobre vizinho, o sofrimento do doente teria sido mitigado. Além disso, suas tendências autodestrutivas e seu egoísmo teriam terminado.

Ter compaixão para com os que sofrem é nosso dever a Deus. Somente tal amor, compaixão e consideração trarão harmonia ao mundo.

Se acidentalmente machucarmos nosso olho com o dedo, castigamos o dedo? Não. Simplesmente tentamos acalmar a dor. Por que não castigamos o dedo? Porque ambos são parte de nós, são nossos. Nos vemos tanto no olho, como no dedo. Da mesma forma, deveríamos ser capazes de nos ver (de ver nosso próprio Ser) em todos os seres. Se pudermos fazer isso, facilmente seremos capazes de perdoar os erros dos outros. Ser capaz de amar e de perdoar os outros, nos vendo neles e vendo seus erros como nossos, esse é o verdadeiro espírito da religião.

O ouro é bonito por si só. Lustroso e precioso. Mas se também tivesse um perfume, quanto maior não seria seu valor e encanto!? A meditação e as práticas religiosas ou espirituais são de fato valiosas. Entretanto, se além da meditação e da adoração, a pessoa também tiver compaixão por seus semelhantes, será como ouro com fragrância, algo incrivelmente doce e único.

A religião é o segredo da vida. Ela nos ensina a amar, a servir, a perdoar, a resistir e a interagir com nossos irmãos e irmãs com empatia e compaixão. *Advaita* (não dualidade) é uma experiência puramente subjetiva. Mas na vida diária pode ser expressa como amor e compaixão. Essa é a grande lição dos grandes santos e sábios da Índia, exponentes do *Sanatana Dharma*.

O papel do amor e da compaixão na religião

A religião é uma linguagem esquecida pelo homem moderno. Nós esquecemos o amor, a compaixão e a compreensão mútua ensinados pela religião. A causa básica por trás de todos os problemas que existem no mundo de hoje é a falta de amor e compaixão. Todo o caos e a confusão que prevalecem na vida de um indivíduo, ou a um nível nacional, ou até no mundo como um todo, existem somente porque falhamos em praticar verdadeiros princípios religiosos em nossas vidas. A religião deve virar parte essencial da vida. A religião precisa ser revivida, precisa de vida nova e vitalidade. Somente então, o amor e a compaixão se manifestarão em nós. Só o amor e a compaixão extinguirão a escuridão, trazendo luz e pureza ao mundo.

Quando o amor se torna Amor Divino, o coração se enche de compaixão. Amor é um sentimento interno, e compaixão a sua expressão.

Compaixão é expressar sua preocupação sincera por alguém, por um ser humano que sofre.

Há amor e Amor. Você ama sua família, mas não ama seu vizinho. Você ama seu filho ou filha, mas você não ama todas as crianças. Você ama seu pai e mãe, mas não ama a todos da mesma maneira. Você ama sua religião, mas não ama todas as religiões. Você pode até não gostar de outras fés. Da mesma forma, você tem amor por seu país, mas não ama todos os países, e talvez sinta animosidade em relação a diferentes povos. Portanto, esse não é o Amor real; é apenas amor limitado. A transformação desse amor limitado em Amor Divino é o objetivo da espiritualidade. Na plenitude do Amor, brota a bela e perfumada flor da compaixão.

Quando as obstruções do ego, o medo e o sentimento de 'outro' desaparecem, você não pode fazer nada, a não ser Amar. Você não espera retorno por seu amor. Você não se importa em receber nada; você simplesmente flui. Quem quer que venha ao rio do Amor será banhado nele, seja a pessoa saudável ou doente, homem ou mulher, rica ou pobre. Qualquer um pode tomar quantos banhos desejar no rio do Amor. O rio do Amor não se importa se a pessoa se banha nele ou não. Se alguém o critica ou insulta, o rio do Amor não percebe. Ele simplesmente flui. Quando esse Amor transborda e é expresso em cada palavra ou ato, chamamolo de compaixão. Esse é o objetivo da religião. Uma pessoa que está repleta de Amor e compaixão compreendeu os verdadeiros princípios da religião.

Uma pessoa compadecida não vê os erros dos outros. Ela não vê as fraquezas das pessoas. Ela não faz distinção entre as pessoas boas e más. Quando alguém está repleto de Amor e compaixão, essa pessoa não pode traçar uma linha entre países, fés e religiões. Ela não tem ego. Assim, não há medo, cobiça ou paixão. Ela simplesmente perdoa e esquece. Compaixão é como uma passagem. Tudo passa por ela. Nada pode ficar ali, porque onde há Amor genuíno e compaixão, não há apego. Compaixão é Amor expressado em sua totalidade.

Ver e sentir vida em tudo – isso é Amor. Quando o Amor preenche o coração, a pessoa vê a vida pulsar por toda e em toda a criação. "A vida é Amor" – essa é a lição que ensina a religião. A vida está aqui. A vida está ali. A vida está em toda parte. Não há nada além da vida. Assim, o Amor também está em toda parte.

Onde há vida, há Amor e vice-versa. A vida e o Amor não são dois, são um. Mas a ignorância de sua unidade prevalecerá até chegar a Realização. Até lá, a diferença entre o intelecto e o coração continuará a existir. O intelecto sozinho não é suficiente. Para se atingir a Perfeição, para se alcançar a totalidade da vida, é necessário ter um coração repleto de Amor e compaixão. Chegar a conhecer essa verdade é o único propósito da religião e de práticas religiosas.

Essa é a idade do intelecto e da razão, a idade da ciência. Esquecemos os sentimentos do coração. Uma expressão comum em todo o mundo é: "eu caí de amores". Sim, nós caímos para um amor baseado no egoísmo e no materialismo. Somos incapazes de levantar e despertar para o Amor. Se for preciso cair, deixemos que seja da cabeça para o coração. Ascender para o Amor, isso é a religião.

Restaurar o equilíbrio da natureza

A religião nos diz que toda a criação é uma manifestação de Deus. Se isso é assim, devemos amar e cuidar da natureza como também dos nossos semelhantes. As escrituras dizem: *"Isavasyamidam Sarvam"* – tudo é permeado com a consciência de Deus. A terra, as árvores, as plantas e os animais são manifestações de Deus. Devemos amálos como a nós mesmos. De fato, devemos amálos ainda mais do que a nós mesmos, pois somente com o suporte da natureza, os seres humanos podem existir. Diz-se que devemos plantar duas árvores para cada uma que cortamos. Entretanto, quando uma grande árvore é substituída por dois pequenos brotinhos, o equilíbrio da natureza não é mantido. Se um desinfetante é adicionado à água em uma proporção menor do que a indicada, seu efeito será minimizado. Se um remédio ayurvédico, que é preparado com dez ingredientes diferentes, for preparado com apenas oito, o remédio não terá o efeito desejado. Os animais, as plantas, as árvores, todos contribuem para a harmonia da natureza. É o dever do homem de protegê-los e preservá-los, pois são indefesos. Ao continuar a destruílos, fazemos um grande mal para o mundo.

A Mãe se lembra que na Sua infância, o esterco de vaca era colocado sobre a pele, quando se fazia vacinação, para prevenir infecção. Hoje, entretanto, o esterco de vaca infeccionaria uma ferida. Devido às toxinas com as quais o homem poluiu o ambiente, nosso sistema imunológico se enfraqueceu, e o esterco de vaca se tornou algo danoso.

No passado, a expectativa de vida de uma pessoa era de mais de cem anos, enquanto que hoje é consideravelmente menor e ainda está diminuindo. Hoje, existem casos raros onde as pessoas vivem por mais de cem anos, mas isso é freqüentemente acompanhado de saúde fraca e grande sofrimento. Doenças incuráveis se tornaram comuns, devido à transgressão das leis da natureza pelo homem.

Quanta poluição foi causada pela fumaça das fábricas? A Mãe não está sugerindo que fechemos as fábricas; Ela só está dizendo que parte dos lucros deve ser usada para criar métodos de reduzir a poluição e renovar e proteger o ambiente.

Antigamente, a chuva e o sol vinham na hora certa e colaboravam com o ciclo de crescimento e colheita. Não havia necessidade de irrigação porque tudo era fornecido pela natureza. Hoje, nos desviamos do caminho do *dharma* (ação correta). Não estamos preocupados com a natureza, e por isso, a natureza está reagindo. O que antigamente era uma brisa refrescante, que acariciava a humanidade, hoje se tornou um tornado.

Talvez duvidemos do nosso poder de restaurar o equilíbrio perdido da natureza. Será que nós, seres humanos, não somos muito limitados? Não, não somos! Temos poder infinito dentro de nós, mas estamos adorme–cidos e inconscientes de nossa força. Esse poder cresce quando acordamos internamente. A religião é o maior segredo da vida, a qual nos permite acordar esse poder interno ilimitado, porém, dormente.

O *Sanatana Dharma* proclama: "Ó homem, você não é uma pequenina vela, você não depende de outro para sua luz. Você é o sol, de luz própria." Enquanto você pensar que é o corpo, você é como uma pequena bateria, cujo poder é facilmente esvaído. Mas quando você se conhece como o '*Atman*', você se torna como uma bateria gigante, ligado à fonte de energia cósmica, que lhe dá força contínua e inexaurível. Quando conectado a Deus, o Ser, a Fonte de todo poder, sua energia nunca diminui. Você é capaz de interceptar o seu potencial infinito. Conscientize-se de seu imenso poder e força. Você não é um mero cordeiro, você é um majestoso e imponente leão. Você é a energia cósmica, o Deus todo poderoso.

As crianças devem ser ensinadas através do exemplo

Amma ouviu dizer que muitas crianças no Ocidente carregam armas quando vão à escola. Disseram para Ela que elas até atiram nas pessoas sem razão alguma. Você já pensou sobre o porque dessas crianças serem instigadas a agir dessa maneira? Isso acontece porque elas nunca foram ensinadas a conduta apropriada. Elas nunca foram expostas ao verdadeiro amor e compaixão. Muitos meninos e meninas vieram dizer a Amma: "Nossa mãe não nos deu amor. Nossos pais não nos ensinaram a nos comportar. Nós víamos nossos pais brigarem entre si. Ao testemunhar tais discussões e egoísmo, nós começamos a ter raiva do mundo todo. Nos tornamos desobedientes e egoístas." Os pais, de quem eles deveriam aprender as primeira lições de amor e paciência, malogram em estabelecer um exemplo. É um pedido da Amma que os pais banhem seus filhos de amor e afeição nos primeiros anos. Bebês não devem ser deixados sem cuidados no berço. Suas mães devem segurá-los e darlhes de mamar com amor e carinho. As crianças devem ser ensinadas princípios religiosos e morais durante seus anos formativos.

Os pais não devem brigar ou expressar raiva e ódio na frente de seus filhos. Se o fizerem, como é que a criança aprenderá o amor e a paciência?

Se andarmos por um gramado, macio e verde, automaticamente formaremos uma trilha. Já em uma pedra seriam necessárias várias idas e vindas para formar um caminho. Da mesma maneira, o caráter de uma criança pode ser facilmente moldado. As crianças precisam de amor e carinho, mas também não podemos esquecer de disciplinálas. Devese inspirar fé em Deus nelas, assim como amor por toda a criação. Isso somente é possível através de uma educação religiosa adequada.

Filhos, nossa principal tarefa e obrigação são a de ajudar nossos semelhantes nesse mundo. Deus não precisa de nada de nós. Ele é completo. Achar que Deus precisa de alguma coisa de nós é como segurar uma vela diante do sol para iluminar seu caminho. Deus é que nos protege; não é Ele que precisa ser protegido por nós. Um rio não precisa da água de um lago parado. É o lago que precisa da água do rio para ficar limpo e puro. Hoje, nossas mentes estão cheias de impurezas como o lago de águas paradas. Precisamos da Graça de Deus para nos purificar e elevar, de maneira a que possamos amar altruisticamente e servir ao mundo.

É nossa obrigação com Deus ter compaixão pela humanidade em sofrimento. Nossa busca espiritual deve começar com serviço abnegado ao mundo. As pessoas ficam desapontadas sentando para meditar, esperando que o terceiro olho se abra após ter fechado os outros dois. Isso não vai acontecer. Não podemos fechar nossos olhos ao mundo em nome da espiritualidade e esperar evoluir. Contemplar a unidade, enquanto se vê o mundo através de olhos abertos, é a Realização Espiritual.

Quando uma flor ainda não abriu, quando ainda é um botão, sua beleza e fragrância ainda não se manifestaram. Ninguém pode ainda apreciálas. Mas quando a flor se abre, quando se desenvolve em cores e formas fascinantes, quando seu cheiro passeia pelo ar, gera alegria e felicidade em toda sua volta. Da mesma forma, as flores de nossos corações ainda não se abriram. São ainda pequenos botões. Entretanto, se alimentadas pela fé em Deus, pelo amor e compaixão, e pela adesão aos princípios da religião, os botões de nossos corações certamente desabrocharão. Revelando sua beleza e espalhando sua fragrância, elas se tornam bênçãos ao mundo.

A religião não é limitada às palavras das escrituras. É um modo de vida. Sua beleza e charme são expressos no amor e compaixão daqueles que vivem de acordo com seus preceitos. O que quer que a Amma tenha dito, é como o que vem escrito na bula de um remédio. Simplesmente ler a bula não vai trazer a cura. É necessário tomar o remédio. Não se pode sentir a doçura do mel lambendo um papel com a palavra 'mel' escrita. Da mesma forma, os princípios descritos nos textos religiosos devem ser contemplados, meditados e, finalmente, realizados. Tomemos refúgio aos pés do Senhor Supremo e rezemos para que alcancemos o estado de Perfeição.

O Glorioso Legado do Sanatana Dharma

Segue uma palestra proferida pela Divina Mãe perante uma audiência de líderes espirituais e dignitários, na manhã do dia 4 de Setembro de 1993, quando o Comitê Hindu Anfitrião A homenageou, selecionando-A como uma dos três Presidentes da fé Hindu.

Os grandes santos e sábios da Índia, que foram os exponentes do *Sanatana Dharma*, nunca exigiram nada. Estabelecidos no estado supremo de absoluta plenitude, achavam difícil expressar a experiência da infinita Verdade Suprema em palavras. Eles sabiam que as limitações da linguagem jamais permitiriam que um palestrante desenhasse um quadro adequado da Verdade. Assim, os grandes sempre preferiram ficar quietos. Entretanto, por causa da compaixão por aqueles que buscam a Deus e por aqueles que estão tateando na escuridão, eles decidiram falar. Antes de falar, entretanto, eles assim oraram:

"Ó Supremo Ser, que minhas palavras estejam enraizadas em minha mente; que minha mente esteja enraizada em minhas palavras."

Oraram ao Supremo *Brahman*: "Colocarei minha experiência da Verdade em palavras. A experiência da Verdade Infinita é algo tão extraordinariamente completo que as palavras não podem expressá-la. Mas vou tentar. Quando falar, dê-me a habilidade de expressar e transmitir a mensagem essencial da Verdade, através de minhas palavras. Não deixe que eu distorça a Verdade."

É nosso dever transmitir essa gloriosa experiência dos santos e sábios do mundo. É muito importante que respeitemos os sentimentos e as fés das pessoas de outras religiões. Mas, ao mesmo tempo, devemos também deixar o mundo saber que o eterno *Sanatana Dharma* não está confinado a certos indivíduos; é puramente uma experiência subjetiva de grande importância para todo ser humano. Todo mundo é uma personificação dessa grande Verdade. O *Sanatana Dharma* não pertence a nenhuma classe, credo ou seita. O mundo deve saber disso. Realmente, o *Sanatana Dharma* é uma grande fonte de energia e inspiração para toda a humanidade. Como tal, seus seguidores devem trabalhar constantemente pela paz e harmonia do mundo. Então, apenas o *sankalpa* (resolução) dos Rishis (sábios) se tornará uma realidade.

Os Rishis não formaram uma religião separada. Eles davam importância aos diferentes valores humanos e verdades espirituais. É por isso que suas preces incluíam todo o universo:

"Om lokah samastah shukhino bhavantu."
Que o mundo todo viva feliz.

*"Om sarveham svastir bhavatu,
sarvesham shantir bhavatu
sarvesham purnam bhavatu
sarvesham mangalam bhavatu."
Om shanti, shanti, shanti."*

Que prevaleça o contentamento em todos

Que prevaleça a paz em todos
Que prevaleça a perfeição em todos
Que prevaleça o bom augúrio em todos
Paz, Paz, Paz.

Uma vez, um *sannyasin* foi convidado por um viúvo a rezar pela paz da alma de sua esposa. O *sannyasin* começou a rezar: "Que todos sejam felizes; que não haja sofrer; que o bom augúrio preencha todo o universo; que todos alcancem a perfeição, etc." O marido, ouvindo as preces, ficou contrariado. Ele disse ao *sannyasin*: "Swami, eu pensava que o senhor ia rezar pela alma de minha esposa, mas não ouvi o senhor pronunciar seu nome nenhuma vez." O *Swami* replicou: "Me desculpe, mas não posso rezar assim. Minha fé e meu Guru me ensinaram a rezar para todos, por todo o universo. Na verdade, somente rezando pelo bem de todos, é que o indivíduo será beneficiado. Se você só regar os galhos de uma árvore, a água é desperdiça da. Somente quando as raízes são regadas, é que os nutrientes atingem as flores e folhas da árvore. Somente se eu rezar por todos, é que a sua mulher receberá benção. Somente então, sua alma encontrará a paz. Não posso rezar de outra forma." O *Swami* falou tão convictamente que o marido disse: "Está bem, reze como quiser. Mas será que o senhor poderia ao menos excluir o meu vizinho de suas preces?" Essa é a atitude que prevalece entre as pessoas hoje em dia. Perdemos nossa habilidade e desejo de dividir.

Quando a guerra fria entre a Rússia e os EUA terminou, houve um grande suspiro de alívio pelo mundo. Com o comprometimento de dar um fim às hostilidades, a ameaça de uma guerra nuclear, que potencialmente poderia destruir o mundo, foi removida. Agora, pela primeira vez, as famílias que foram separadas por fronteiras artificiais de ideologias políticas diferentes foram reunidas no espírito do amor que sempre as uniu.

É claro que existem pessoas envolvidas na manufatura de armas de destruição, pessoas que se preocupam apenas com seus objetivos egoístas. O único propósito da natureza é o de sustentar a criação. Devemos ter fé e acreditar nisso. Precisamos buscar uma alternativa pacífica de ganhar nossa vida, e não destruir uns aos outros com o objetivo de engrandecimento próprio.

Meramente freqüentar templos, igrejas ou mesquitas, ou fazer cultos de adoração, não constitui a religião ou a devoção. Devemos ser capazes de ver Deus, o Ser, em nós mesmos e em todos os seres.

Esse é o amanhecer do vigésimo primeiro século. Que neste momento todos os grandes *sannyasins*, líderes espirituais e o comitê anfitrião Hindu, que trabalhou tão duro pelo sucesso do Parlamento das religiões, façam, ao menos mentalmente, a seguinte promessa:

"Independente de hora e local, nós iremos trabalhar pela paz e harmonia de todo o mundo e para aliviar o sofrimento da humanidade. Dessa forma, que o grande sankalpa do Sanatana Dharma se torne uma verdade viva. E que nós estejamos determinados a transmitir essa grande Verdade, e os princípios essenciais da vida, para todos jovens homens e mulheres. Eles são os botões de flores da geração futura, prestes a desabrochar e se tornar a fragrância do mundo."

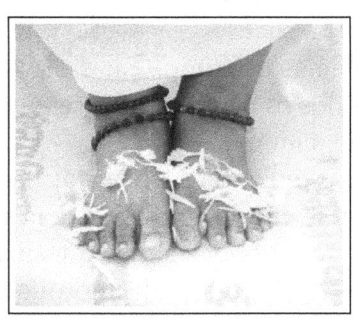

A Mensagem do Sanatana Dharma

A seguinte mensagem foi enviada pela Divina Mãe para a Revista "Reflexões sobre o Hinduísmo" publicada pelo Comitê Anfitrião Hindu, para comemorar o Parlamento de 1993.

A religião dá o que o mundo (material) nunca poderá prover. O que é que homem quer? O que é que mais está ausente nesse mundo? Não é a paz? Não há paz em parte alguma, nem interna, nem externamente. Para viver a vida plenamente, a pessoa precisa de paz. E de amor. A paz não é algo que se ganha quando todos os desejos são alcançados. Enquanto a mente estiver ali, os desejos virão à superfície e os problemas existirão. Paz é algo que nasce quando todos os pensamentos se aquietam e se transcende a mente.

Nesse estado transcendental no qual o eu individual se funde à consciência infinita, o mundo conceitual de nomes e formas pára de existir. Esse é o âmago da filosofia Hindu de *Advaita* (não-dualidade). O homem pode alcançar o estado ulterior de Perfeição. De fato, essa é sua verdadeira natureza. Nós talvez nos perguntemos porque não realizamos essa verdade. Principalmente devido ao apego obsessivo do homem aos objetos externos do mundo. A ignorância da verdadeira natureza só pode ser dissipada pelo conhecimento genuíno. Só há uma maneira para esse conhecimento puro surgir, e essa é através da prática espiritual sob a orientação de um Mestre Perfeito, alguém que está eternamente estabelecido nesse estado transcendental de êxtase e paz.

Uma pessoa cheia de paz é relaxada. Sua vida é equilibrada. Ela nunca está ansiosa ou agitada. Ela não lamenta o passado. Por causa de sua clareza de visão, ela enfrenta cada situação com calma e com inteligência. Sua mente e sua visão não estão obscurecidas por pensamentos desnecessários. Ela terá problemas na vida assim como qualquer um, mas a maneira da pessoa em paz de confrontálos será diferente. Haverá um charme especial e uma beleza em tudo que ela fizer. Mesmo nas mais difíceis circunstâncias, ela quedará imperturbada.

Vacilar é da natureza da mente humana. Como um pêndulo de um relógio, a mente está sempre se movendo de uma coisa a outra. O movimento é constante. A mente está sempre em um estado de fluxo; uma hora ela ama, na outra, odeia. A mente gosta de algo em um momento, mas no próximo, já não mais. O pêndulo da mente às vezes se move na direção da raiva, depois para o desejo. Ela não pode parar. Ela não consegue ficar calma. Por causa do movimento constante da mente, o terreno estável, imóvel, base da existência, que é a real natureza de tudo, não pode ser visto. O movimento da mente cria ondas incessantes, e essas ondas, essas ondulações de pensamentos, turvam tudo.

Cada pensamento, cada acesso de emoção e cada desejo é como um seixo jogado no lago mental. Os pensamentos incessantes são como ondulações na superfície da água. A superfície ondulante impossibilita que se veja através da água com clareza. Você nunca permite que a mente fique quieta. Seja, uma vontade de satisfazer algum desejo, seja raiva, ciúmes, amor ou ódio. E se nada está acontecendo no presente, lembranças do passado começam a surgir. Doces prazeres, amargas memórias, momentos de alegria, arrependimento, vingança, alguma coisa sempre aparece. Assim que o passado se retira, o futuro vem com belas promessas e sonhos. Dessa forma, a mente está sempre ocupada. Está sempre ocupada e nunca vazia.

O que você vê é somente a superfície. Você percebe apenas as ondas da superfície. No entanto, por causa dos movimentos da superfície, você erroneamente pensa que o fundo também está se movendo. Mas o fundo está parado. Ele não pode se mexer. Você está superpondo o movimento da superfície – as ondulações de pensamentos e emoções – sobre o fundo parado, a terra subjacente. O movimento causado pelas ondas de pensamento pertence apenas à superfície; pertencem à mente. Para que se veja o substrato imóvel, a superfície precisa ficar parada e em silêncio. As ondulações têm que parar. O pêndulo vacilante da mente deve se aquietar. Atingir esse estado quieto e pacífico é o propósito final da religião.

Uma vez atingida essa tranqüilidade, você é capaz de ver claramente através da superfície. Você pára de ver formas desfiguradas e contempla a verdadeira base da existência – a Verdade. Todas suas dúvidas cessam. Nesse ponto, você realiza que tudo o que vinha vendo, eram apenas sombras e nuvens. O propósito da religião é o de ajudar você a ver a verdadeira natureza de tudo ao residir constantemente nas profundezas de seu próprio verdadeiro Ser. Nesse estado, todas diferenças desaparecem e você vê o seu próprio Ser brilhar através de todo objeto.

O amor por toda humanidade nasce daquele que tenha experimentado a Verdade. Nessa plenitude o Amor Divino desabrocha a bela e perfumada flor da compaixão. A compaixão não vê os erros dos outros. Ela não vê as fraquezas das pessoas. Não faz distinção entre as pessoas boas ou más. A compaixão não pode traçar uma linha entre dois países, duas fés, ou duas religiões. A compaixão não tem ego. Dessa forma não há medo, lascívia ou paixão. A compaixão simplesmente perdoa e esquece. A compaixão é como uma passagem: tudo passa através dela, nada pode ficar ali. A compaixão é o amor expresso em toda sua plenitude.

Deus é Amor, a força vital por trás de toda a criação. É realmente raro encontrarse uma religião que não considere o amor por todos os seres um fator supremo. Se as religiões aderissem a esse princípio do Amor, as diferenças que se vê hoje se tornariam insignificantes. Deus espera amor, fraternidade e cooperação de Seus filhos. Atendendo às suas diferenças superficiais, os seres humanos estão pavimentando o caminho de sua própria destruição.

Esperase da religião que dissemine a luz do Amor e da Verdade para a humanidade. A religião não deve encorajar a separação. Existe apenas uma Verdade Suprema brilhando através de todas as religiões. Ver a religião com essa atitude nos aproxima da Verdade Suprema, nos ajuda a compreender uns aos outros e a guiar a humanidade para a paz.

Por quanto tempo viveremos nesse mundo? Ninguém vai viver para sempre. Tudo o que reivindicamos como nosso é impermanente. Se for assim, será sábio gastar essa vida dada por Deus perseguindo objetivos de vida curta? Os grandes mestres de todas religiões inequivocamente proclamam que há um substrato imutável subjacente a esse mundo em constante mutação. É através da realização da Verdade que se atinge a imortalidade. Esse é o propósito básico da vida. As religiões deveriam ajudar as pessoas a cultivarem um forte desejo de buscar a vida eterna, firmemente baseada no amor e na paz. Esse é, de fato, o maior serviço que a religião pode oferecer à humanidade. Amor mútuo e cooperação entre as religiões devem ser de importância primária no mundo. Deixe que o amor, a paz, a cooperação e a não-violência sejam os faróis que iluminem o caminho para o século vinte e um. Essa é a mensagem essencial que a grande linhagem de santos e sábios da Índia e a religião eterna do Hinduísmo (*Sanatana Dharma*) dá ao mundo inteiro.

Por uma Ética Mundial

Segue a afirmação inicial da Declaração de uma Ética Global, uma convocação em favor dos valores universais, da justiça e da compaixão, assinada pela maioria dos líderes espirituais que participaram do Parlamento.

O mundo está agonizando. A agonia é tão penetrante e urgente, que somos compelidos a dar nomes à sua manifestação para que a profundidade dessa dor possa vir à luz. A paz nos escapa, o planeta está sendo destruído; vizinhos vivem atemorizados; mulheres e homens se estranham; crianças morrem!
Isso é aberrante! Nós condenamos os abusos aos ecossistemas da Terra. Condenamos a pobreza que sufoca o potencial da vida; a fome que en-

fraquece o corpo humano; as disparidades econômicas que ameaçam tantas famílias à ruína. Condenamos a desordem social das nações; o desrespeito à justiça que força cidadãos para ao limite; a anarquia dominando nossas comunidades; e a morte insana de crianças pela violência. Condenamos, em particular, a agressão e ódio em nome da religião.

Entretanto, essa agonia não precisa existir. Não precisa porque a base para uma ética já existe. Essa ética oferece a possibilidade de uma ordem individual e social melhor, e retira os indivíduos do desespero e as sociedades do caos. Somos mulheres e homens que adotaram os preceitos e práticas das religiões mundiais. Afirmamos a existência de um grupo de valores centrais nos ensinamentos das religiões, e que esses formam a base da ética global. Afirmamos que essa verdade já é conhecida, mas não vivida no coração e na ação. Afirmamos que existe uma norma irrevogável, incondicional para todas as áreas da vida, para famílias e comunidades, para raças, nações e religiões. Existem orientações antigas para o comportamento humano, as quais são encontradas nos ensinamentos das religiões do mundo, e são condições para uma ordem mundial sustentável.

Somos interdependentes. Cada um de nós depende do bem estar do todo, e assim temos respeito pela comunidade de seres viventes, pelas pessoas, animais e plantas, e pela preservação da Terra, do ar, da água e do solo. Tomamos responsabilidade individual por tudo que fazemos. Todas nossas decisões, ações e omissões têm conseqüências. Precisamos tratar os outros como desejamos que os outros nos tratem. Nos comprometemos a respeitar a vida e a dignidade, a individualidade e diversidade, de maneira que cada pessoa seja tratada humanamente, sem exceção. Devemos ter paciência e aceitação. Devemos ser capazes de perdoar, aprendendo do passado, mas sem nunca permitir que fiquemos escravizados pelas lembranças de ódio. Abrindo nossos corações uns para os outros, devemos acabar com nossas pequenas diferenças em favor da comunidade mundial, praticando uma cultura de solidariedade e afinidade.

Consideramos a humanidade nossa família. Devemos nos esforçar para sermos gentis e generosos. Não devemos viver somente para nós mesmos, mas, também, servir aos outros, nunca esquecendo as crianças, os idosos, os pobres, aqueles que sofrem, os incapazes, os refugiados, e os solitários. Ninguém nunca deveria ser considerado ou tratado como cidadão de segunda classe ou ser explorado de nenhuma forma. Deve haver parceria igual entre os homens e as mulheres. Não devemos cometer nenhum tipo de imoralidade sexual. Devemos deixar para traz todas as formas de dominação e abuso.

Fazemos um compromisso com a cultura da não violência, do respeito, justiça e paz. Não devemos oprimir, ferir, torturar ou matar outros seres humanos, abandonando a violência como meio de acertar as diferenças.

Devemos nos empenhar por uma ordem social e econômica justa, na qual todos tenham uma chance igual de alcançar seu potencial total de ser humano. Devemos falar e agir com verdade e com compaixão, lidando com justiça com todos, evitando o preconceito e o ódio. Não devemos roubar. Devemos ir além da dominação da ganância por poder, prestígio, dinheiro e consumo, para fazermos um mundo justo e pacífico.

A Terra não pode ser mudada para melhor se a consciência dos indivíduos não for primeiro mudada. Nos empenhamos em aumentar nossa consciência disciplinando nossas mentes através da meditação, da prece ou de pensamentos positivos. Sem risco ou a disponibilidade para o sacrifício, não poderá haver mudança fundamental em nossa situação. Assim, nos comprometemos a essa ética global, à compreensão mútua e aos estilos de vida que sejam benéficos socialmente, pacíficos, e que levem em conta a natureza. Convidamos a todas as pessoas, religiosas ou não, a fazer o mesmo.

Nós, mulheres e homens de várias religiões e regiões da Terra nos dirigimos a todas as pessoas, religiosas ou não. Desejamos expressar as seguintes convicções que temos em comum:

- Todos temos a responsabilidade de uma melhor ordem global.
- Nosso envolvimento pelo bem dos direitos humanos, liberdade, justiça, paz e a preservação da Terra é absolutamente necessário.
- Nossas diferentes religiões e tradições culturais não devem nos prevenir de nosso envolvimento comum na oposição de todas as formas de desumanidade e no trabalho para maior humanização.

- Os princípios expressados nessa Ética Global podem ser afirmados por todas as pessoas com convicções éticas, sendo enraizadas na religião ou não.
- Como pessoas religiosas e espirituais, baseamos nossas vidas em uma Realidade Suprema, e tiramos poder espiritual e esperança daí, em confiança, em prece ou meditação, em palavra ou silêncio. Temos uma responsabilidade especial pelo bem de toda humanidade e cuidado do planeta Terra. Não nos consideramos melhores do que outras mulheres e homens, mas acreditamos que a sabedoria antiga de nossas religiões pode apontar um caminho para o futuro. Convidamos a todos homens e mulheres, religiosos ou não, a fazer o mesmo.

www.ingramcontent.com/pod-product-compliance
Lightning Source LLC
Chambersburg PA
CBHW070633050426
42450CB00011B/3177